손이 깨끗한 사람이
마음이 깨끗하다

# 손이 깨끗한 사람이 마음이 깨끗하다

최동현 시집

보나비

차례

**시인의 말** | 140
**발문** | 장윤수  117

# 1.

11  마음이 손
12  밤마다
13  강물
14  말을 담는 그릇
16  냉장고를 비우며
18  동행
19  일어서는 벽
20  고기를 구우며
22  마음이 보이네
23  잡초
24  명예라는 옷
25  기대고 싶다
26  보이지 않는 손
27  도토리
28  세월

# 2.

31 늦은 가을에

32 낙엽으로 누운 모습

33 두 번 사는 낙엽

34 낙엽 반 반

36 낙엽 위에 내리는 비

37 나무는 버리며 산다

38 뒤돌아보지 않는다

39 등짝

40 먼지의 꿈

42 그늘

43 낮은 곳에서

44 무거운 짐

46 하산의 노래

47 호수

48 바위가 산이다

# 3.

53 할아버지
54 딱 두 돌 써니
56 어, 그랬구나
58 눈길
59 아내
60 부부라는 그릇
61 가물가물 고유명사
62 하루의 얼굴
63 문제집
64 내 친구(病)
66 강아지와 노인
67 울 안에 심은 나무
68 나를 사랑하라
69 줄기에 피는 꽃
70 둘이 하나 되는 날

# 4.

- 75 벽
- 76 보이네
- 77 강물의 끝자락
- 78 문
- 79 달처럼
- 80 죽지 않는 나무
- 82 편한 길
- 83 겨울꽃 불씨
- 84 강물을 바라보며
- 85 그대
- 86 꽃 중의 꽃
- 87 텅 빈 집
- 88 잔인한 오월에 그대여
- 90 마른 눈
- 91 그날

# 5.

- 95 꽃의 뒷모습
- 96 0.72 (2024, 봄)
- 98 계절을 잊은 꽃
- 99 꽃 그리고 단풍
- 100 목련꽃과 이파리
- 101 구두를 닦으며
- 102 머리 위에 새가 난다
- 104 세렝게티
- 106 예수를 파는 여자
- 108 사랑의 불꽃
- 109 홍대 거리의 밤
- 110 막다른 길
- 112 강매역 2017
- 113 빈 독
- 114 강물에 던진 돌

1.

# 마음이 손

일찍이, 마음이 손이라는 것을 몰랐고
손이 마음이라는 것을 알지 못했다

마음이 깨끗한 사람이 손이 깨끗하고
손이 깨끗한 사람이 마음이 깨끗하다

마음이 비어있을 때 손이 아름다웠고
손이 비어있을 때 마음이 가득했다

빈손이라야
비운 마음이라야
사랑하는 사람의 손을 꼭 잡을 수 있다

## 밤마다

둥근 해를 빚어내느라
바다는 밤마다
출렁이며 곡선운동을 하는가 보다.

장엄한 해의 산고를 참아내느라
밤마다 바다는
파도치는 수평의 몸살을 앓는가 보다

맑은 해를 피워내느라
바다는 밤마다
심해의 소금물로 몸을 씻는가 보다.

죽은 해를 살리느라
밤마다 바다는
어둠을 끌어안고 밤잠을 설치나 보다

# 강물

방울방울 티 없이 태어나
꺾어지고 뒤집어지고
얽히고설켜 이룬 한줄기

굽이굽이 사연을 남기고
앞으로 앞으로 밀며
한 곳을 향해 끝까지 간다

아, 인생이여

## 말을 담는 그릇

해 질 녘 산그늘 길에 든든한 지팡이다.
시시껄렁한 수다
무겁지 않은 농담이라도
점잖게 담아줄 수 있는 그릇

못생긴 그릇
때 묻은 그릇
우그러진 그릇은
그런대로 가까이할 수 있겠으나

깨진 그릇
새는 그릇
삐딱한 그릇은
되도록 멀리 두는 것이 좋겠다.

외롭지 않은 그릇 있겠는가.
그가 나의 그릇이 되듯이

내가 그의 그릇이 된다

넉넉한 그릇에 저녁밥을 지으며
마르지 않은 열린 마음으로 길을 간다

## 냉장고를 비우며

냉장고 구석구석에서
썩지도 못하고 얼어붙은 돌덩이들
가슴속 깊이 묵은 냉장고에서
기도하는 마음으로 떼어낸다

나는 용서받지 못할지라도
내가 먼저 용서하기로 했다
가슴 한구석에 꽁꽁 묻혀 굳어버린
녹지 못한 돌덩이들

냉동실에서 하나씩 떼어내
흘러가는 강물에 멀리 던진다
물결이 반짝이며 웃을 때마다
떨어지는 돌들이 동그라미 그린다

인생에서 뛰어내릴 줄은 모르지만
떨어질 때를 아는 인간으로

오래 묵은 냉장고를 비우며
외롭지 않은 용서의 길을 간다

# 동행

동행은 발이 아니라 가슴이다
동행이라도 마음이 각각 일 수가 있고
동행이 아니라도 마음이 하나일 수 있다

긴 동행이 동행으로 끝나는 철로를 보라
일정한 거리를 끝 날까지 유지하면서
서로 차가워지고, 각각 뜨거워진다.

흐르는 물줄기는 어우러져 동행하지만
갈라지고 모이기를 반복하며 흐르다가
끝내 얼싸안고 모여 바다에 이른다

사랑의 동행은 철로가 아니라 물줄기다
잠시 엇갈려도 결국 다시 모인다
동행은 몸이 아니라 마음이다

# 일어서는 벽

나무는 불에
재가 되지만
벽돌은 불에도
벽돌이다

뭉치면 벽
깨지면 돌이지만
벽돌은
벽이고 싶다.

가르는 벽
가두는 벽 너머
어깨를 마주 잡고
함께 일어서는 벽

## 고기를 구우며

정다운 거리로 둘러앉아
무릎을 모아 마른침 삼키며
뜨거운 불판에 고기를 굽는다

아랫부분이 적당히 익은 고기는
뒤집어야 골고루 익는다
한쪽만 익은 고기는
까맣게 타고 육즙이 날아가
고기 아닌 고기가 되어
마주 앉은 눈살들이 찌부러진다.

때론 불판에 고기 같은 인간이 있다.
적당한 때 알맞게 뒤집어줘야,
꺼멓게 타지 않고
알맹이가 날아가지 않는다.
멋과 맛을 아는 덩저리가 되어
꾸정꾸정 사랑받으며 산다.

아직도 뒤집지 못한 자여
사랑하는 사람을 위해
불판 위에 춤추는 고기가 되어보라

# 마음이 보이네

강물에 들었을 때는
물결만 보이더니
강물에서 나오니
강이 보이네

산속에 있을 때는
나무만 보이더니
산에서 내려오니
산이 보이네

그대 곁에 있을 때는
얼굴만 보이더니
멀리 떠나가니
마음이 보이네

## 잡초

꺾일지언정 쓰러지지 않는다
밟으면 잠시 누울 뿐
잘리고 눌려도 그 자리에
다시 일어선다.

누구를 부러워해 본 적 없다
아무도 거들떠보지 않아도 불평하지 않는다
자리 잡은 곳에서 밀리면
더욱 단단한 곳에 뿌리박는다

모질게 버티는 일생
실수한 신의 작품이라는 손가락질에
먼 하늘 바라보며
그냥 웃는다

# 명예라는 옷

명예라는 이름의 옷을 입으면
명예로운 사람이 될 수 있을까
깊이 내재 된 인간의 본성은
칼을 두려워하며 칼이 되기를 원하고
꽃을 시기하며 예쁜 꽃이 되고 싶다

명예라는 이름의 옷을 다투어 입고
옷이 커서 흘러내리는 사람들이
옷에 몸을 맞추려고 비척거린다.
간혹 족보 고치듯 꿰어맞춘 사람들이
굵고 무거운 헛기침을 해 댄다

누군가 슬쩍 던져준 옷을 입어본다.
내 영혼을 꼬집는 냄새가 코를 찔러
허리도 펴지 못하고 멀리 던진다
명예라는 옷은 입는 것이 아니라
속살처럼 허물 벗고 돋아나는 것이리라

# 기대고 싶다

흔들리는 것이 어디 나무뿐이랴
신이 아닌 인간은 누구나
때로는 흔들리기도 하고
어딘가에 기대고 싶다

기댈 수 있는
사람이 있는 자는 행복하다
기댈 수 있는
사랑을 가진 자는 더욱 행복하다

가까이 보는 나무는
숲에 기대고
멀리 보는 나무는
바람에 기댄다

# 보이지 않는 손

눈에 보이지 않는 바람은
그냥 지나가는 줄 알았으나
무엇인가 흔들리고 있었다

한가롭게 보이는 세월은
시간만 죽이는 줄 알았으나
무엇인가 바뀌고 있었다

무엇이 무슨 일을 하고 있는지
굳이 알려고 하지 마라
어둠 속에도 꽃은 피고 지나니

누군가 보고 있지 않더라도
신성한 본능의 땀방울들이
지구를 부지런히 돌리고 있다

# 도토리

언덕 넘어 골짜기
골짜기 건너 능선
추억의 도토리에 발목을 잡혀
나는 도토리를 땀으로 줍네.

반나절 만에 펴는 허리
바로 내 눈앞에
비쩍 마른 다람쥐란 놈이
주먹 불끈 쥐고 쏘아보고 있네.

서늘한 눈초리에
깜짝 놀란 도토리들
슬금슬금 제자리로 굴러가고
나는 빈손으로 덜렁덜렁 내려오네.

# 세월

밀려가고 끌려가고
절로 알아서

가는 줄도 모르게
지나가는 바람처럼

달려가고 날아가고
눈 깜박할 사이

숨 한 번 크게 쉬고
돌아보면 빈 하늘

2.

# 늦은 가을에

바람 부는 가을날
발길 차는 낙엽들
두 무릎을 툭툭 치더니
어깨 위에 올라타더니
손바닥만 한 놈이 내 낯짝을 때리고
멀리 날아간다.

정신 차리라고
나이 뒤에 숨지 말라고
이 해도 저무는데 무엇하냐고.
늦은 이 가을에
세월을 허비한 죄는 아냐고
인생을 낭비한 벌은 잊었냐고

## 낙엽으로 누운 모습

나무 윗자리에 점잖게 자리 잡았거나
아랫자리에 비루하게 매달려 있었거나
떨어져 누운 모습은 그게 그거다.

온몸으로 햇빛 받으며 신나게 춤추었거나
쪼개진 햇살에 몸을 비틀며 기대었거나
낙엽으로 누운 모습은 그게 그거다.

저녁놀 밀며 가을바람 스쳐 지나간다.
낙엽들 속에서 가장 볼품없는 낙엽 하나
바스락거리며 빼꼼히 고개를 내민다

아무도 보아주지 않아도
비바람 거세게 몰아쳐도
평생을 나무에 매달려 살아냈다고

# 두 번 사는 낙엽

가을비를 기다리는 낙엽이 있다
구부러진 낙엽
오그라든 낙엽
상처 난 낙엽
마지막 순간까지 오들거리지 않고
흉한 모습 보이지 말고
의젓하게 누울 수 있게
약손 같은 가을비가 내린다
성치 않은 낙엽을 쓰다듬으며
허리가 펴질 때까지
굽은 등이 바로 설 때까지
상처가 아물 때까지
다독이고 어루만진다.
평생 맛보지 못한 감로에 취하며
낙엽은 편한 자세로 눕는다
죽어서 살아나는 낙엽이다.
낙엽 사이에 비가 머물던 자리
지나가는 가을바람이 옷깃을 세운다.

# 낙엽 반 반


찬 바람 슬그머니 불어오는 늦가을
땅바닥에 널브러진 낙엽을 보라
엎어진 낙엽 반
자빠진 낙엽 반

엎어진 낙엽을 본다
떨어지는 순간을 예감한 듯
한 계절을 미련 없이 들이 채우고
등 굽어 다소곳이 눈을 감는다.

자빠진 낙엽을 본다
떨어지는 때를 깨닫지 못한 듯
계절은 아직 끝나지 않았다고
바르르 떨며 나무를 올려본다.

엎드린 낙엽 반
자빠진 낙엽 반

먼 데서 온 바람이 살며시
누운 낙엽을 하나씩 뒤집는다.

눈비 내리기 전에
찬 바람이 모질게 불어오기 전에
어루만지듯
낙엽의 눈을 슬며시 감긴다

## 낙엽 위에 내리는 비

가을비는 지붕에 내리지 않는다
낙엽 위에 느긋하게 떨어진다

가파르게 발바닥 식은 바람이
낙엽을 쓸어갈까, 마음 졸이며
빗방울은 낙엽 틈에 자리 잡는다

작별의 인사라도 나눌 수 있게
낙엽을 도닥거리며 촉촉이 적신다

눈물을 참으며 누워있는 낙엽이
소리 없이 마른 울음 울 때
빗방울은 슬며시 눈물을 빌려준다

# 나무는 버리며 산다

꽃잎은 스스로 날아다니지 않는다
나무가 밀어내는 것이다
나뭇잎은 저절로 떨어지지 않는다
나무가 떼어버리는 것이다
내일을 위해 뼈마디 굳게 세우고
연한 허물을 벗겨내는 것이다

뿌리는 더욱 단단한 나무를 위하여
살찌는 푸른 날들 땅속을 다진다
한 번 지는 생명의 무게가 다르랴
버리는 것은 끝이 아니라 시작이며
밀어내는 것은 기다린다는 것이다
나무는 모질게 비우며 천년을 본다

## 뒤돌아보지 않는다

흐르지 않는 물은 강물이 아니다
흐르는 물은 뒤 돌아보지 않는다

불지 않는 바람은 바람이 아니다
부는 바람은 뒤돌아보지 않는다

흘러가는 것이 어디 강물뿐이랴
불어오는 것이 어디 바람뿐이랴

서산에 걸려있는 핏빛 구름이 섧다
멀리 뒤돌아보는 것은 인간뿐이다.

# 등짝

물방울 방울방울 안고 흐르는 강가
텅 빈 마음으로 흐린 눈을 씻는다
실개천 불러 모아 마냥 어우러지는
강물의 물줄기를 야젓잖게 바라본다.

돌부리를 부드럽게 쓰다듬는 물결처럼
용서의 말을 왜 꺼내지 못했을까.
원망의 마음은 오래전에 잠들었는데
잔잔한 강 물결 실바람이 싸늘하다..

등짝을 짊어지고 물결 따라 걷는 길
바람 지나간 나뭇잎이 흔들리면
표정 없는 석양을 표정 없이 바라보며
가슴속의 벼랑을 슬며시 접는다

## 먼지의 꿈

창문 뚫고 쏟아지는
햇살에 둥둥둥 살아난다
날개 없어도 여유롭게
바람 없어도 둥둥둥
결코 외로울 틈이 없다
자유가 자유가 넘칠수록
가고 싶은 곳 많고
날고 싶은 곳 많다
나르다 나르다 지치면
자리 아닌 자리라도
아무도 모르게 가볍게 기댄다

먼지는 숨죽이고 있을 뿐
절대로 죽지 않는다
오래 기다리지 않아도
깊은 잠 들더라도
햇살이 부르리라

바람이 일으켜 세우리라
더 이상 얻을 것이 없고
더 이상 버릴 것이 없다
오직 작은 꿈 하나
한 줌의 흙이 되어
꽃 한 송이 피우기를

# 그늘

석양이 가까이 서그러우니
주름에 그늘이 슬며시 앉는다.
그늘은 얼굴에만 스미지 않는다
여기저기 가뭇없는 주름 따라
거침없이 세력을 넓힌다

스치는 강바람에 주름이 일다.
주름은 세월의 흔적일 뿐
주름이 그늘이 되지 않도록
달콤한 노을에 흔들어 말리고
헛침 넘기듯 사랑을 한다

# 낮은 곳에서

하루 종일 비가 추적추적 내린다
떨어지는 빗방울은 빗물이 되어
젖은 땅 위에 스스로 길을 만든다
낮은 곳으로 더 낮은 곳으로
납작 엎드려 하나의 줄기를 이룬다
흐르지 않는 물은 죽은 물이다
어두운 밤이나 환한 대낮이나
본능적으로 길을 찾아가는 빗물은
돌부리에 걸려도 넘어지지 않고
큰 돌이 가로막아도 멈추지 않고
슬며시 돌아서 갈 길을 찾고야 만다.
높은 곳에서 길 따라 내려온 빗물들이
서로 어우러져 한 몸을 이룬다
사랑은 낮은 곳에서 싹튼다고.
낮은 곳에서 높은 사랑이 자란다고.
낮은 곳, 더욱 낮은 곳을 찾는
사랑의 눈길은 잠들 줄 모른다

## 무거운 짐


저승길 가는데
무거운 짐 덜어주어 고맙다고
겨우 안면 익힌 노인이
농담이라며 내게 던진 말이다

석양 걸린 고즈넉한 주점
자작하는 노인에 눈인사하고
건너편 술상에 걸터앉았다.

술과 나만의 곰삭는 교감
술맛은 옛날처럼 변함없는데
조리복소니 된 술통이 서럽다

떨어지는 석양에 잔을 내리고
주인에게 카드를 건네는데
술값은 이미 계산됐다고

노인의 굽은 등이 저만치 간다
주점 밖은 석양이 사그라지고
노을이 붉게 물들고 있었다

## 하산의 노래

산봉우리 몇 개 넘었다고
정상에 우뚝 올라섰다고
등산이 끝난 것은 아니다
산행의 발길은 오를 때보다
내려오는 길이 무겁고 힘들다
거침없이 쑥쑥 올라간 넝쿨을 보라
두 팔로 휘어잡고 야수처럼 올랐어도
내려오지 못해 말라 죽을 수도 있다
오를 때 흠뻑 흘린 땀만큼
내릴 때는 흘리지 않아도 좋으나
등골 휘도록 누르는 짐들은
마음이 가는 곳에 아낌없이 버린다
가볍게 날아다니는 새를 바라보며
짐을 비우듯이 마음도 비우고
풀잎 스치는 잔잔한 바람이 되어
살랑거리는 풀꽃의 노래를 부른다

# 호수

어제도 오늘도 하늘이 높다
잔잔한 호수 깊은 곳에
푸른 하늘이 너부렁넓적이 누워 있다

호수는 인간의 발바닥보다 낮고
하늘이 호수 바닥에 있다
낮은 하늘이 거늑하다

호숫가에 얼쩡거리는 모두를
호수는 품어준다
기어이 하늘마저 품어주는 호수

이름 모를 어미 새 한 마리
호수를 가르며 날아간다
그림자 한 줄 꼬리를 끌며 따라간다

# 바위가 산이다.

1.
사람들이 산에 오른다
한쪽 길로 줄 맞추어 길게 올라간다
이른 바람이 따라 오르고
바위는 이정표 되어 대문을 열어준다

사람들이 산에서 내려온다
여러 갈래로 몰려서 짧게 내린다
늦은 바람이 따라오고
바위는 어두워질 때까지 손을 흔든다

2.
나무들이 옷을 입는다
나무마다 새 옷을 한 꺼풀씩 입는다
부지런한 바람이 매무새 만져주고
바위는 웃으면서 햇볕을 내준다

나무들이 옷을 벗는다
색 바랜 옷부터 한 꺼풀씩 벗는다
서두르는 바람이 차곡차곡 개어놓고
바위는 석양 비낀 산이 된다


3.
산은 철 따라 흔들리나
바위는 결코 흔들리지 않는다
개미 발자국에 잠시 움찔할 뿐
바람이 거세게 밀어도 꿈쩍 않는다


바위가 산이다
가끔은 사나운 빗줄기의 투정도 받고
하얀 눈송이로 예쁜 꽃도 피우면서
바위는 늘 그 자리에 산이다.

3.

# 할아버지

하비도 좋고
하부지도 좋고
할버지도 좋고
할아버지도 좋다

몇 해 전만 해도, 혹여나
실없는 누가 맥없이 부를까
은연중에 거북했던 이름인데
늦은 철인데도 달갑지 않았던 호칭인데

할아버지,
두 돌짜리 손자 녀석의 싱싱한 부름에
묵은 가식들은 흔적 없이 사라지고
벅찬 가슴으로
할아버지는 우뚝 선다.

나이 여물어 할아버지가 아니다.
손자가 불러야 할아버지다

# 딱 두 돌 써니

껌딱지 껌딱지 하는 말이 새삼 실감이 난다
귀엽게 달라붙고 얌전하게 떨어지지 않는다
할머니가 잠시만 눈에 떨어져도 성화다.
잠자는 시간까지 하루 종일 붙어 있고 싶다.

가만히 앉아 있기보다는 뿌리쳐 일어서고
잠시 잠깐 서 있는 것도 지루해
때와 장소를 가리지 않고 뛰어다닌다.
얌전히 걷기는 가뭄에 콩나 듯 하지만
아쉬움을 메워주는 흐뭇한 재롱이 있다

설익었지만 살아있는 말들
깜짝깜짝 놀라게 하는 단어 사용 능력은
이미 법률가이고
또박또박 탄력 있는 발음은
이미 아나운서다

그래, 뛰기도 좋고 말하기도 좋지만
건강이 제일 먼저다.
건강하게 자라다오
몸도 건강 마음도 건강

# 어, 그랬구나

삼대인 가족 여섯이 오랜만에 모였다
혼자 사는 고모가
요구르트 먹는 두 돌짜리 조카를 보며
신바람 나게 떠든다

"고모는 요구르트를 집에서 만들어 먹어.
우리 집에 오면 고모가 만든 요구르트
실컷 먹여줄게" 하며
요구르트 만드는 방법을 장황하게 설명한다
한참을 떠드는 고모를 빤히 보며
두 돌짜리 조카는 눈으로 듣는다.

두 돌짜리에게 신바람 나서 설명하는
고모나 그걸 열심히 듣는 조카나
'그것 참 별일이네', 하고
식구들이 갸웃거리는 순간

두 돌짜리 녀석이
고개를 크게 끄덕이며 툭 던지는 말
"어, 그랬구나"

팝콘 같은 웃음이 집안 가득 터진다

# 눈길

손자 녀석 노는 모습을
먼발치서 탐스레 바라본다
흐뭇한 가슴을 조이며
미쁜 눈길로 따라다닌다

혼자서도 잘도 논다
누가 보든지 말든지
자유롭고 분방한 모습으로
놀이 삼매에 빠져있다.

두 돌답지 않은 말투
귀염 떠는 몸짓 하나하나가
친지들의 이야깃거리이자
집안의 역사를 만든다

# 아내

자리가 비어 보니 알겠다

나의 반쪽인 것을

아니
나의 전부인 것을

## 부부라는 그릇

금 가지 않도록 조심하라
금 간 그릇은 언제 깨질지 모른다
이빨 빠진 그릇은 불편할지라도
조심조심 사용할 수 있으나
깨진 그릇은 붙여 쓸 수 없다

하루에 세 번 끼니를 챙기고 있으나
그릇을 씹어 삼켜본 적이 있는가.
마음이 담긴 그릇은 맛이 다르다.
매끼 방아를 찧을 때마다
나를 즐겁게 해준 그릇을 먹어보라

그릇을 사랑하되 뜯어보지는 마라
멀쩡한 그릇을 의심하는 순간
그릇은 금이 가고
그릇은 깨질 수 있다
깨진 그릇은 이미 그릇이 아니다

## 가물가물 고유명사


달리던 차가 급정거하듯
바삐 돌아가던 머리가 딱 멈춘다.

차곡차곡 쌓아둔 내 창고
막상 뽑아 쓰려니 꼭꼭 숨어
보이지 않는다

머리카락 몇 가닥 보일 듯 말 듯
좀처럼 얼굴이 드러나지 않는다

깜박 등은 점점 암흑이 되는데
낡은 창고가 내게 웃으며
그냥 살라 한다

## 하루의 얼굴


얼굴 없는 하루를 내 맘대로
밀어보지 못하고 끌어보지 못하고
평생을 하루에 밀려다니고
하루에 끌려다니고

강 물줄기처럼 긴 하루가 있으면
조각구름처럼 짧은 하루가 있고
공들여 쌓은 돌탑의 하루가 있으면
널브러진 돌멩이의 하루가 있고

사람마다 얼굴이 제각각이듯이
하루마다 다른 모습을 하고 있다
하루의 얼굴이 모두 똑같다면
인생은 그 얼마나 지루하겠는가.

# 문제집

굳은 동상 되어 부동의 한나절을
무거운 머리 괴고 삼매경이다.
손자뻘쯤 되는 학생들 사이에 끼어
숨죽인 백발이 책장에 침 바르고 있다
어지러운 백색의 머리카락 사이로
호기심에 슬쩍 스쳐본 책장에는
문제집이라는 큰 글자가 박혀있다.

문제집이 졸고 있는 나를 툭 친다.
백색의 나이에 돌부처로 앉아서
기도하듯 풀어야 하는 문제는 무엇일까
문제에 매여 점점 더 하얘지는 백발은
절망의 징표일까 희망의 표출일까.
풀지 못한 문제가 산더미인 내게
문제집이 문제 하나 보탠다.

# 내 친구 (病)


서로 거들떠보지도 않고 얼굴도 몰랐는데
세월이 익어가는 언제부터인가
오래전에 알았던 것처럼 끈질기게 따라다닌다.
헤어지려고 떼어내려고 떠밀고 사정해도 소용없다
사랑한 적도 좋아한 적도 없는데

떠났나 보다 하면 숨은 발톱이 보이고
사라졌나 보다 하면 꼬리가 문틈에 걸려있고
피와 살을 떼어주며, 이제는 멀리 갔겠지.
가슴을 쓸어내리는 순간 옆구리를 콕콕 찌른다
좀처럼 떨어지지 않고 점점 더 바짝 다가앉는다

피할 수 없으면 즐기라고 했던가
어차피 떼어내고 싶어도 떨어지지 않는 혹이라면
내 분신이라 여기며 가까이 지내기로 했다

엇나가게 밀어내지 말고 밉더라도 다독이며
간다
　　거북하고 꺼림하더라도 감싸 안고 보듬으며
　　남은 생 저 뒤편까지 동행해야 할 내 친구다

## 강아지와 노인


턱 내민 돌부리도 친숙한 에움길
동네 공원 산책을 다녀와
썰렁한 소파에 나란히 앉았다.

거친 손마디로 등을 쓰다듬으며
걷는 것도 힘들지
너도 인간 연령으로 망팔이니

오늘도 고마웠다고

실바람도 살 속에 박히는 계절들
거북이걸음이라도 오래오래
서로의 산책길이 되자고

## 울안에 심은 나무

더는 자라지도 줄어들지도 않는 집이
마을 귀퉁배기에 외롭게 서 있습니다
젊은 부부가 부푼 마음으로 자리 잡고
양지바른 울안에 나무를 심었습니다
적막하던 집안이 조금씩 두런거리고
울안에 심은 나무가 쭉쭉 날개를 폅니다
아이들이 나무처럼 쑥쑥 자라납니다
살찐 햇살이 울안 구석구석을 밝히고
가족 같은 나무가 집안을 내려 봅니다
다 자란 아이들이 살찐 가방을 둘러메고
하나둘 뒤돌아보며 집을 떠나갑니다
나무 그늘이 마당을 한가득 채울 무렵
아이들 소리는 더 이상 들리지 않습니다
마른 낙엽처럼 노부부가 부스럭거릴 뿐
집안은 빈방 빈자리로 가득합니다
웃음소리 울음소리 먹고 자란 나무가
늙어가는 집을 포근히 감싸주고 있습니다.

# 나를 사랑하라

석양에 잠든 강을 바라보며
물결 속에 젖은 나를 깨운다.

나를 사랑하는 사람이라야
남을 사랑할 수 있나니

나도 사랑하지 못한 자가
누구를 사랑할 수 있겠는가.

나무숲은 자신을 사랑한 후에
바람을 조심스럽게 받아들인다

강물은 자신을 사랑한 후에
냇물을 올곧이 받아들인다.

# 줄기에 피는 꽃

1.
사월의 하늘은 벚꽃 잔치판
꽃을 보며 꽃그늘을 걷는다
꽃 아래서 새봄을 노래하고
꽃 안에서 작은 사랑을 사랑하고
꽃 안에서 근사한 내일을 꿈꾸고
꽃을 보며 나의 꽃을 그린다
온통 벚꽃의 하늘이다

2
벚나무는 줄기에도 꽃이 핀다
벚나무 줄기는 꽃 중의 꽃
벚꽃을 머리에 인 벚나무 줄기
성한 곳 없는 상처 상처들
깊게 파인 인고의 자국들
거친 가슴팍에 맺힌 사랑의 흔적
진정 아름다운 꽃은 줄기에 핀다

# 둘이 하나 되는 날
―신랑 박지혁 신부 강민수에게

가보지 않은 설렘의 세상
새날의 밝은 아침이 열렸다.
반쪽인 하나가 반쪽인 하나를 만나
진정으로 하나가 되는 날이다.

기쁠 때도 하나요.
슬플 때도 하나요.
젊어서도 하나요.
늙어서도 하나요.

이 목숨 다하는 날까지
갈라지지 않는 오직 하나이다.

너를 만나기 위해 태어난 나
나를 만나기 위해 태어난 너

둘이 하나 되어
꽃보라 날리는 행복의 문을 활짝 열고
새날의 새 길을 힘차게 내딛는다.

4.

# 벽

벽은 절망이 아니다
단지 발길을 막았을 뿐이다

벽 너머가 꿈의 동산인 자는
벽이 높아도 벽을 넘고야 만다

벽이 낮아도 넘기 어려운 벽은
나 스스로 벽이 되는 벽이다

벽이 끝이 아니라고 여길 때
벽은 스스로 몸을 낮춘다.

# 보이네

하늘은 보이지 않으나
흘러가는 구름은 보이고

바다는 보이지 않으나
물결치는 파도는 보이고

바람은 보이지 않으나
흔들리는 나뭇잎은 보이고

사랑은 보이지 않으나
결실의 열매는 보이고

이별은 보이지 않으나
덧난 상처는 보이고

인생은 보이지 않으나
삶의 흔적은 보이고

## 강물의 끝자락


인간이 다른 세상을 거부할 수 없듯이
강물은 바다를 만나지 않을 수 없겠지만
기다렸다는 듯이 바다로 뛰어들지 않는다
낯선 바다를 마주하며 본능적 습성으로
자신도 모르게 주춤거리게 된다.

어찌 속절없이 바다에 마음을 담겠는가.
강물은 길고 깊은 전생의 골짜기로부터
평생을 어지럽게 뒤집혀 가며 달려왔다
크게 한숨짓는 잠시의 망설임도 없이
긴 역사의 수레바퀴를 던질 수 있겠는가,

강물은 바다로 밀리듯이 흘러들더라도
죽은 듯이 긴 허리를 부러뜨리지 않는다
바다도 파도치며 강물을 삼키지 않는다
어둠 속에서 노니는 신혼의 첫날밤처럼
서서히 서분서분하게 한 몸을 이룬다

# 문

아무리 문의 얼굴을 가졌다 해도
닫혀 있는 것은 벽이다
아무리 문의 얼굴이 아니라도
열리는 것은 문이다

열릴 것 같지 않은 벽이라도
가볍게 열릴 때가 있고
당연히 열릴 것 같은 문이라도
좀처럼 열리지 않을 때가 있다

문을 찾을 때는 얼굴을 보지 말고
다정히 부르는 마음의 소리를 듣는다
벽은 사람을 기다리지 않으나
문은 기다리는 사람을 기다린다.

# 달처럼

누가 달이 변한다고 하는가
달은 조금씩 가릴 뿐 변하지 않는다
달이 변하는 것이 아니라
가려진 모습을 보는 것이다

누가 사람은 변하지 않는다고 하는가
사람은 조금씩 가리면서 변한다
사람이 변하지 않는 것이 아니라
가려진 뒷모습을 보지 못하는 것이다

달은 비우면 채우고 채우면 비우고
달이면 달마다 같은 모습 보여주지만
사람은 비우지도 못하고 채우려 하며
날이면 날마다 가린 모습을 보여준다

## 죽지 않는 나무

밑자리 흔적만 겨우 남기고
가지가 무참히 땅바닥에 뒹군다
장정 두 팔 아름드리나무
줄기가 선 채로 枯木이 되었다

민초의 그늘이 되지 못하고
땀과 눈물을 씻어 주지 못해
피를 토하며 몸부림쳤던
우국지심의 거목들이 서럽다

봄비 스쳐 가고 햇살 내리는 날
枯木 머리에 바람이 살랑이더니
파란 생명이 까슬까슬 비집는다.
뿌리 깊은 나무는 죽지 않는다

나무 머리에 솟은 안타까운 몸짓
달랑 몇 장의 파란 이파리가

바람의 함성에 생명을 잇는다.
거목은 죽어서 다시 살아난다

# 편한 길

세상살이, 누구나 편한 길을 가고 싶다
불편한 길 위에서 편한 길을 원하기만
편한 길에서도 더욱 편한 길을 찾는다
편한 길과 불편한 길은 백지 한 장 차이
두 길은 평생 서로 만나고 헤어진다

불편한 길이라도 차차 익숙해질 터
조금은 힘들더라도 참고 기다려라.
그 길이 너를 업어줄 날이 온다.
편한 길 인생은 소금기 없는 맹물이다
크고 단단한 물고기가 살지 못한다

완벽한 길은 어디에도 존재하지 않으며
인생에는 타성이란 무서운 함정이 있다
부디 편한 길에 안주하려 하지 마라
편한 길은 그 길 위에서만 편할 뿐이다
종소리는 아플수록 멀리 힘차게 울린다.

## 겨울꽃 불씨


봄이 지났다고 꽃이 시드나요
가을이 떠났다고 불꽃이 꺼지나요
고요한 어둠 속에서도 꽃은 자라고
밝은 대낮에도 불꽃은 타오릅니다
꽃은 떨어지면 낙엽처럼 마르지만
불꽃은 시들어도 불씨는 살아있습니다
긴 잠 깨우는 바람이 사납게 흔들어도
시든 꽃은 다시 꽃이 될 수 없으나
한 조각 불씨는 불꽃으로 살아납니다
꿈틀대는 불꽃에 눈길 한 번 주세요
꺼져가는 불씨를 밟지 마세요
된서리가 눈물 되어 봄꽃을 불러도
겨울꽃 불씨는 결코 죽지 않을 겁니다.

## 강물을 바라보며

늙어 가는 것
주름살 깊게 골 파이는 것은
아무나 할 수 있겠다
장마에 떠밀려 다니는 통나무처럼

성숙해 가는 것
스스로 익어 가는 것은
그래도 할 수 있겠다
강물에 미끄러지는 뗏목처럼

여물어 가는 것
누군가를 위해 열매 맺는다는 것은
누구나 할 수 없겠다
바람에 물결 타는 돛단배처럼

# 그대

꽃은 피는데
꽃은 다시 피는데
오~ 그대여

꽃이 지는데
꽃이 다시 지는데
아~ 그대여

## 꽃 중의 꽃

예쁘지 않으나 빛난다
눈부시지 않으나 반짝인다
매끄럽지 않으나 부드럽다

바람 가득 떠 있는 풍선처럼
언제 꺼질지 모르는 설렘
눈에 눈밖에 안쓰러워
괜스레 안타까워
아낌없는 호흡의 시간을
갇혀 있어야 했다.

서럽지 않은 꽃 중의 꽃
시들지 않기를
시들어도 꽃이기를

# 텅 빈 집

한길에서 꺾어 골목길
열 발짝 들어 대문
대문 열고 마당
마당 지나 봉당
봉당 위 댓돌
댓돌 디디고 마루
마루에서 헛기침 두 번
미닫이 밀고 안방
오물오물 열 식구

어느 날
바람바람바람
문풍지가 심하게 울고
삐딱한 대문은 넋을 잃고
바람마저 자취를 감춰
제비도 멀리 돌아서 가는
텅 빈 집

## 잔인한 오월에 그대여
―친구 윤재성에게


죄와 벌이 하늘 끝까지 넘친다 해도
반짝이는 별들에는 아무런 죄가 없다.
둥근 밤을 쪼개 스스로 어둠을 두르고
별들도 모르게 달랑 혼자가 되었구나.

아무도 모르는 다음 세상을 기약하고
새벽녘 검은 연기 빠지듯 사라진 사람아
꽃소식 전해오는 봄바람 줄기는 세찬데
시든 꽃잎 한 장 날아오지 않는구나.

철쭉꽃을 시샘하는 때 늦은 찬바람 따라
예고 없는 빗방울이 질서 없이 날린다
차마 봄이 꽃을 버리겠는가.
꽃이여, 피었으면 가볍게 지지 말구려

봄의 서러운 눈망울이 긴장을 풀지 않는다

봄마저 늘어져 꼬리 감추기 전에
하늘 아래 꿈같은 곳에 그대 있기를
별이여, 어둠 속에 지지 말고 반짝이기를.

# 마른눈

올겨울 기다리던 눈이 내린다
반기는 마음에는 아랑곳하지 않고
마른눈이 흩어져 날리고 있다
땅 위에 떨어질 듯 떨어질 듯하다가
용틀임하며 다시 솟구친다
살찐 구름이 헤프게 던지는 눈은
아무 곳에나 털썩 주저앉지만
오랜 기다림 속에 내리는 눈은
이곳저곳 기웃기웃 자리를 고른다
어렵사리 눈송이로 태어났기에
아무 곳에나 앉지 않는다
도로의 천덕꾸러기로 욕먹기 싫고
더러운 발자국도 되고 싶지 않다
잠자는 나뭇가지를 포근히 감싸주거나
지붕 위에 내려 사랑 이야기 듣고 싶다
제멋대로 떨어지는 눈이지만
깔끔한 흔적으로 이 땅에 남고 싶다

# 그날

그날은
누구도 알 수가 없습니다
홀로 먼 길 여행하듯이
그냥 걷다 보면 만나게 되겠지요
슬퍼하지 마세요
두려워 마세요

아무것도 모르고
이 세상에 오를 때처럼
내 뜻대로 되는 일은 없으니까요
강 물결 흐르는 대로 흘러가다 보면
그날을 만나게 되겠지요

기다리지 않지만
오고 있는 것은 압니다
물결이 바람 되는
그날

5.

## 꽃의 뒷모습

꽃을 가까이 본다
큰 꽃이 예쁠까
작은 꽃이 예쁠까
꽃은 모두 예쁘다

시들어 가는 꽃을 본다
피어있으니 꽃이다
큰 꽃잎은 떨어지고
작은 꽃잎은 나른다

크고 화려한 꽃은
낙엽이 되고
작고 수수한 꽃은
첫눈이 된다

## 0.72(2024, 봄)

100쌍의 청춘 남녀가
72명의 아이만 남긴다니
몇 세대 지나지 않아
이 땅에 거대한 물결 공백이 보인다

남아도는 교실은 어쩔 수 없더라도
나라는 누가 지키고
부족한 일손은 무엇으로 채우나
결국 색다른 인간들이 몰려오겠지

가구당 7, 8명의 자녀도 엊그제인데
십 분지 일로 팍 줄다니
머지않아 이 땅의 주인인 토종이
소수민족이 되는 것은 아닌지

출산율이 이대로 지속된다면
지구에서 가장 먼저 사라지는 나라가

코리아라는 미래학자도 있는데

설마 설마 하다가
설마가 사람 잡는 일은
낮잠 자는 개꿈에도 일어나지 않기를

# 계절을 잊은 꽃

봄 대문 열기 전에 망울 내밀고
겨울 뒷문 닫자마자 피는 꽃
뜻대로 활짝 피어보지 못하고
크게 소리 내어 웃지도 못한다

뼈와 살이 익기 전에 꽃을 만들어
머리 내밀 때를 기다리지 못하고
꽃자루 잡은 손을 뿌리쳤는가.

막이 오르기도 전에 무대에 올라
관객들의 박수 소리도 듣지 못하고
싸늘한 비난을 받으며 퇴장한다.

아무리 예쁜 꽃이라도
때가 맞아야 빛이 나는 법이다
때로는 이름 모를 풀꽃 앞에서
발길이 떨어지지 않는다

## 꽃 그리고 단풍

활짝 핀 꽃 앞에
활짝 물든 얼굴로
들뜬 마음으로
한두 발짝 다가서고

붉게 물든 단풍 아래
붉게 핀 얼굴로
황홀한 마음으로
한두 발짝 물러서고

다가서서 꽃 피고
물러서서 단풍 들고
어쩔 수 없는 인간의
봄 그리고 가을

# 목련꽃과 이파리

목련꽃이 사월의 봄바람에 만개할 때
거슬리는 태초의 소리가 부서져 내려
꽃잎은 눈보다 귀가 먼저 열렸다.
이파리를 밀지 못하고 감추고 있는
뿌리와 가지 사이의 해묵은 갈등인가.

하나의 나뭇가지를 찢으며 오르건만
꽃과 이파리에 둥근 어둠이 남았을까
끈질긴 바람의 무게를 견디지 못해
꽃잎은 밀리듯이 자리를 양보하고
흰 날개 길게 늘어져 떨어진다

백자 같은 피부를 뽐내던 꽃잎이
어둠의 흔적으로 땅 위에 검게 구른다
그제야 나무는 숨은 보물 꺼내듯
이파리를 조심스럽게 밀어 올린다
찬란한 백색의 짧은 아름다움이
울창한 녹색의 긴 함성을 부른다

# 구두를 닦으며

오늘도 거리는 분주하다
노랑 신호등 같은 시선들이
서로 견제하며 지나간다

어제 같은 오늘이 아니라
내일 같은 오늘을 꿈꾸며
발끝을 더 높이 세운다

누구나 한 번쯤은
이파리보다 먼저 피는
꽃이 되고 싶다

누구나 한 번쯤은
반달보다 환하게 웃는
보름달이 되고 싶다

## 머리 위에 새가 난다

오늘도 머리 위에 새가 난다
높이 나는 새는 부러워할지라도
사람이 새만도 못하겠는가.

본디 열려있는 것이 귀고
닫혀 있는 것이 입일진대
열린 귀는 꼭 닫고
닫힌 입은 항상 열어놓는구나.

입을 닫으면 혀가 곪는가.
귀를 열면 귀청이 썩는가.
주변의 적막함에도 눈치코치 없이
열린 입은 닫을 줄 모르는구나.

설사 내일 죽을 것처럼
마지막 유언이라도 하듯이
조심스러운 남의 입술마저 가로채

내 입으로 만들고 마는구나.

오늘도 머리 위에 새가 난다
높이 나는 새는 입을 벌리지 않고
멀리 나는 새는 귀가 밝다는데

# 세렝게티

잠 못 이룰 때마다 죽였으나
너는 죽지 않았다
죽음을 모르는 너를 죽인 내가
잘못이라는 것을 알았다.
죽음은 죽음을 아는 사람만 죽는다
너를 죽이지 못해 내가 죽기로 했다

사랑이 아름답다고 했는가.
사랑은 결코 아름답기만 한 것은 아니다
사나운 밤은 세렝게티 동물의 왕국뿐
인간의 아침은 참으로 고요했다.
죽음을 모르는 너
다시는 죽이지 않겠다

버려두었던 하얀 손수건을 꺼내며
너를 죽이려던 욕망의 칼이
과일을 깎는 칼이 되기를 기원한다

껍데기뿐인 영혼을 둘러메고
저물어가는 한 해 끝에서
너를 보낸다

## 예수를 파는 여자

손님 뜸한 음식점
쓸쓸한 음식을 주문한 내 앞에
사랑을 전한다며 여자가 어렵지 않게 앉는다
막걸리와 빈대떡이 전부인 내게
사양하는 예수의 사랑을 값싸게 흥정한다.
관심 없는 표정에도 아무렇지 않게
혼자 중얼거리며 끈질기게 예수를 판다
어두워지는 가게 안을 두리번거리며
눈동자는 한 곳에 멈추지 않아도
예수는 잠시도 입가를 떠나지 않는다
빗방울 먹은 한 줄기 바람이 훅 불어온다
가게 구석 어둠 속에서 예수를 부른다
기다렸다는 듯이 여자가 자리에서 일어선다
부른 여자와 남자 사이에 예수가 않는다
큰 소리로 떠돌던 예수는 침묵하고
내세가 아닌 현세의 대화가 꽃을 피운다
예수는 팔아도 미소는 팔지 말았으면

막걸리 주전자를 대충 털고 일어서는 내게
여자가 가까이 오며 묘한 미소를 짓는다
인생 보다 예수를 사랑한다고 말하지 마라
나는 어둠 속으로 도망치듯 몸을 던진다
가랑비 예수가 내 몸을 적신다
나는 예수를 팔아 본 적이라도 있는가.
예수는 어디에도 없고
어디에도 있었다

## 사랑의 불꽃

나의 사랑은 피기 전에 죽었으나
죽은 사랑도 사랑이라고
진정한 사랑은 죽어서도 산다고.

사랑다운 사랑은 이루지 못했으나
척박한 땅에서도 꽃은 피고
피 맺힌 사랑은 끝내 타는 거라고

꺼져가는 불씨를 서럽게 밝히며
내게는 시든 불꽃도 꽃불이라고
너를 어둠에서 밝힐 수 있다고

너의 가슴에 한 줌의 재로 묻히기 위해
그동안 다져온 나의 불꽃을 버리고
눈부시지 않은 꽃불이 되어 나는 탄다.

# 홍대거리의 밤

청춘의 거리
젊은이들의 나라
낯가리는 새벽은 멀리 졸고
어두운 밤이 멈추어
대낮이 된 풍경
고요하지 않은 밤
거룩하지 않은 거리
달도 별도 없는 하늘 아래
어둠이 깨진 세상
오직 불타는 젊음 하나
시꺼먼 밤이
새하얀 대낮이 되는 곳
늙은 통금의 나라에서
젊은 자유로 피어난 세상
홍대거리의 밤 나라

# 막다른 길

가슴속에 별들이 사라지면
막다른 길 만나게 되지
주저앉으면 벽이 되는 길

길 위에도 새는 날고
벽 너머에는 푸르른 동산이
손짓하고 있나니

막다른 길은 절망의 벽이 아니라
희망의 길이라 부르며
벽 속의 길을 가야지

한 번도 가보지 않은 길
스스로 터득한 이정표 만드는 일
끝이 아니라 시작이지

질긴 구두끈에 길을 맡기고

가슴속에 별들이 떠오르면
벽의 문은 스르르 열리겠지

## 강매역 2017

아우성으로 이룬
거룩한 역사
몸에 맞지 않는 옷을 걸치고
제 잘난 멋에 사는 졸부
이웃역이 저만치 쳐다보는
강매역은 계면쩍다
허리 끼고 돌아가는 오솔길은
산책객들로 분주하고
개천에 오리 떼는 물질로 정신없다
역 안팎 에스컬레이터는
외롭게 하루가 저물고
만날 사람도 없고
헤어질 사람도 없는
잠자는 역사에는
빈 바람만 쓸쓸히 지나간다.

# 빈 독

입 크게 벌린
밑 빠진 독은
채워도
채워도
빈 독으로 남습니다

땀을 굳게 믿었던
물지게꾼의
굵은 땀방울마저
물결에 말리어
땅속 깊이 쓸어갑니다.

지게를 버리지 못한
물지게꾼의
찌그러진 두 어깨에
주름 깊은 계절이
차곡차곡 쌓입니다

## 강물에 던진 돌

어린 시절 강가에서 돌 던지기를 했지
기쁠 때는 반짝이는 물결에 수제비 뜨고
슬플 때는 강물이 뚫어지도록 동댕이쳤지.
우리 집에 문풍지가 심하게 우는 날은
팔뚝이 빠지도록 마구 돌 팔매질 했어.

강 물결 따라 반백 년 넘어 굴러간 지금
내가 던진 수많은 돌들은 어디에 있을까

바다로 힘차게 굴러가 바다풀 달고 있을까
행주대교 다릿발 어디쯤 구르고 있을까
이포보 콘크리트 속에서 잠자고 있을까
아니면 굼벵이보다도 재주 없는 나처럼
아직도 강바닥 모래밭에 박혀있을까.

그 강가에서 돌멩이를 골라 든다
구부러진 허리를 바람결에 곧추세우고

내 손을 떠난 돌들을 그리며 던진다
돌 맞은 강물이 파문으로 출렁거리고
박힌 돌들이 우르르 일어나 내게 날아온다

발문

# 발로 쓰는 나그네 시인

장윤수
(전) 대진대학교 교수. 문학 박사

발문

# 발로 쓰는 나그네 시인

장윤수
(전) 대진대학교 교수. 문학 박사

시인은 꿈길에도 늘 남한강 줄기 따라 내려가 세종대왕릉을 아늑하게 감싸고도는 소나무 숲길을 걷는다. 청량한 솔바람 향기가 다가와 몸과 마음을 어루만진다.

일찍이 한글을 사랑하고, 한글로 사고하며 한글로 지적 성장을 이뤄 말꽃을 피워내며 성장했다. 그 정신과 위대한 사랑이 시인의 시적인 모태신앙이 되었다. 또한 영릉의 아름다운 안식처에 깃든 사랑과 소나무 숲 향을 스펀지처럼 빨아들이며 자란 정체성이 조신하게 있지를 못한다. 틈만 나면 이곳으로 달려와 대왕릉 주변의 숲향을 엄마 품속의 유향처럼 맡아야 마음이 놓인다. 그 유향에 잠이 드는 아기처럼. 그의 시에서 그런 순수, 천진난만을 보는 것이 독자로서 흡족하다.

적송 숲길을 거닐며 봄, 가을 한두 번 그냥 눈먼 유혹에 몸을 맡긴다. 고향 바라기의 외골수는 망팔에도 늙을 줄을 모르는 눈먼 사랑이다.

수증기가 무럭무럭 피어오르는 강물의 수면을 바라보다가 울긋불긋 다투어 피는 진달래의 유혹은 어떤 말들로 풀어낼까? 궁리에 잠겨 길손은 피로를 잊는다. 그런 몰입에서도 파노라마를 펼치는 대자연의 장엄한 퍼스펙티브에 눈이 빨려드는 미감에 취한다. 심신이 순화되는 경건한 예지 속에서 시의 싹이 돋는 경이와 흥분이 차오른다. 벌거숭이 유년 시절부터 마을 앞 여강에서 멱감던 힘과 운동선수로 단련된 체력이 탄력 있게 받쳐주는 경쾌한 걸음이 없다면 결코 누릴 수 없는 기쁨이다. 그렇게 체질화한 몸이 먼저 움직이고 때 없이 고향길로 향한다.

늘 강을 거슬러 오르고 산밑 자락을 더듬어가는 길 위에서 시의 모티프를 얻고 싹을 틔워 형상화했기에 그는 발로 쓰는, 나그네 시인의 이미지로 비쳐진다.

방울방울 티 없이 태어나
꺾어지고 뒤집어지고
얽히고설켜 이룬 한줄기

굽이굽이 사연을 남기고
앞으로 앞으로 밀며
한 곳을 향해 끝까지 간다

아, 인생이여

—〈강물〉 전문

    지상의 수증기가 증발해 이슬이 되고 이슬이 하늘에서 구름 가족을 이루어 떠돌다가 천지를 뒤덮는 거대한 구름이 된다. 이 크고 작은 갖가지 모양의 구름도 지상의 냇물이나 강, 바다가 변형된 물방울들이 모인 크고 작은 물 흐름이나 바다의 변형된 형태로 대칭구조를 이루는 천지를 끊임없이 순환하면서 뭇 생명을 낳고 기르고 살고 죽는 생명의 순환까지 관장하는 천지자연의 섭리라 한다면, 이 섭리의 한 자락 흐름을 붙잡고 스케치하듯 가볍게 시작한다. 물방울의 생성에서 물길을 내는 흐름으로, 굽이쳐 흐르는 사연을 남기는 이야기 길로 휘돌아간다. 그러나 "한 곳을 향해 끝까지 간다"는 대목에서 우리는 그곳이 어디인가를 생각하는 물음 앞에 멈추지 않을 수 없다. 물 흐르듯 가다가 멈추게 하는 이곳이 중요하다. 천지만물 속의 우리는 어느 지점과 어느 시간 속에서 무엇으로 어떻게 존재하며 천지만물의 섭리 속에 참여하고 있는가? 시인은 여기서 "아, 인생이여"라는 결사를 제시한다. 천지만물, 무한 속의 작은 물방울 같은 투명한 탄식이 놀라운 감동을 준다.

강물에 들었을 때는
물결만 보이더니
강물에서 나오니
강이 보이네

그대 곁에 있을 때는
얼굴만 보이더니
멀리 떠나가니
마음이 보이네

―〈마음이 보이네〉 부분

강물이나 산속에 들었을 때는 그 진실된 면이 보이지 않다가 벗어났을 때 드러난다. 아무리 가까운 사람이라도 가까이 있을 때는 마음속 깊이 담긴 진면목을 보기가 어렵다. 멀리 떨어져 있어야 그 사람의 겉이 아닌 진실된 속마음이 보인다는 함축된 의미가 내포 되어있는 것은 아닐까

   일찍이, 마음이 손이라는 것을 몰랐고
   손이 마음이라는 것을 알지 못했다

   마음이 깨끗한 사람이 손이 깨끗하고
   손이 깨끗한 사람이 마음이 깨끗하다

   마음이 비어있을 때 손이 아름다웠고
   손이 비어있을 때 마음이 가득했다

   빈손이라야
   비운 마음이라야
   사랑하는 사람의 손을 꼭 잡을 수 있다
                    —〈마음이 손〉 전문

깨끗한 마음과 손이 하나라는 진실은 이제껏

깊이 생각해보지 못했다. 시를 통해 깨닫는 기쁨과 무지의 수치가 동반한다. 빈손과 깨끗한 마음이 하나일 때 사랑하는 이의 손을 꼭 잡을 수 있는 순결성이 보이는 아름다움에 왠지 모르게 내 가슴이 설렌다.

해 질 녘 산그늘 길에 든든한 지팡이다.
시시껄렁한 수다
무겁지 않은 농담이라도
점잖게 담아줄 수 있는 그릇

못생긴 그릇
때 묻은 그릇
우그러진 그릇은
그런대로 가까이할 수 있겠으나

깨진 그릇
새는 그릇
삐딱한 그릇은
되도록 멀리 두는 것이 좋겠다.

외롭지 않은 그릇 있겠는가.
그가 나의 그릇이 되듯이

내가 그의 그릇이 된다

넉넉한 그릇에 저녁밥을 지으며
마르지 않은 열린 마음으로 길을 간다
　　　　　　　―〈말을 담는 그릇〉 전문

여기에서 그릇이란 가까운 이웃이나 친구라고 볼 수도 있겠다. 해 질 녘 산그늘 길은 현실적인 상황을 표현한다고도 할 수 있겠으나, 우리 인생의 후반기, 즉 노년 시절을 암시하고 있다고 생각하여도 좋을 것 같다. 늙어 갈수록 가벼운 농담이나 수다도 서로 잘 들어주는 친구가 있으면 남은 인생길이 든든해진다는 뜻으로 이해해도 좋겠다.

냉장고 구석구석에서
썩지도 못하고 얼어붙은 돌덩이들
가슴속 깊이 묵은 냉장고에서
기도하는 마음으로 떼어낸다

나는 용서받지 못할지라도
내가 먼저 용서하기로 했다

가슴 한구석에 꽁꽁 묻혀 굳어버린
녹지 못한 돌덩이들

냉동실에서 하나씩 떼어내
흘러가는 강물에 멀리 던진다
물결이 반짝이며 웃을 때마다
떨어지는 돌들이 동그라미 그린다
―〈냉장고를 비우며〉 부분

 냉장고 속에 오래도록 얼어붙은 해묵은 얼음덩어리들! 가슴속 깊이 묵은 냉장고에서 기도하는 마음으로 차가운 돌덩이를 떼어내 강물에 흘려보내는 시인의 마음에서 섬뜩한 기쁨과 함께 감당할 수 없는 자괴감에 빠진다. 도무지 어디서부터 어떻게 손을 써야 할지 모르겠다. 돌연 허를 찔린 당혹감에 망연자실, 통렬한 부끄러움에 압도되지 않을 수 없다. 그럼에도 바늘귀 만한 반성적 양심이라도 열리게 해주는 자극이 사뭇 짜릿하다.
 마음에 켜켜이 얼어붙은 차가운 얼음덩어리들은 멀리 가까이 있는 사람들을 얼마나 시리게 했을꼬? 이제부터라도 꽉 막힌 이 차가운 돌덩이들을 깨부수지 않고서는 온전한 인간이 될 희망조차 사라지는 것이 아닌가! 시를 통해 이처럼 통렬한 찔림에 노출되는 것 또한 큰 축복이 아닐 수 없다. 내 무지를 발견하는 기쁨이 자학적이라 해도 좋다. 지식인의 외피를 벗어던지고 맘껏 탄성을 지르고 싶다. 시인처럼 스스로 용서의 길을 찾듯 나를 천진난만 속에 해방시키고 싶다

동행은 발이 아니라 가슴이다
동행이라도 마음이 각각 일 수가 있고
동행이 아니라도 마음이 하나일 수 있다

긴 동행이 동행으로 끝나는 철로를 보라
일정한 거리를 끝 날까지 유지하면서
서로 차가워지고, 각각 뜨거워진다.

흐르는 물줄기는 어우러져 동행하지만
갈라지고 모이기를 반복하며 흐르다가
끝내 얼싸안고 모여 바다에 이른다

사랑의 동행은 철로가 아니라 물줄기다
잠시 엇갈려도 결국 다시 모인다

동행은 몸이 아니라 마음이다

―〈동행〉 전문

  동행은 가슴, 공감에 의한 자연과의 일체감이다. 그 교감의 신선함은 다음 대조로 선명해진다. 철로는 끝까지 평행선을 이루면서 뜨거움도 차가움도 제각각이다.
흐르는 물줄기는 어우러져 흐르다가 갈라지고 모이기를 반복하며 끝내 얼싸안고 바다에 이른다. 사랑이란 결국 바다에서 하나 되는 광대무변, 하늘을 품어 안는 우주의 정신의 원형(archetype)이 아닐까.
  4연 구성을 통해서야 우주를 돌리는 순환, 그 신비한 사랑의 빛 한 올이 잡히는 듯하다.

  꺾일지언정 쓰러지지 않는다
  밟으면 잠시 누울 뿐
  잘리고 눌려도 그 자리에
  다시 일어선다.

  누구를 부러워해 본 적 없다
  아무도 거들떠보지 않아도 불평하지 않는다

자리 잡은 곳에서 밀리면
더욱 단단한 곳에 뿌리박는다

모질게 버티는 일생
실수한 신의 작품이라는 손가락질에
먼 하늘 바라보며
그냥 웃는다

―〈잡초〉 전문

우리 시에서 민초와 잡초는 가까운 친화성을 지닌다. 아무리 밟히고 억눌려도 묵묵히 일어서는 끈질긴 생명력이 동질감을 갖게 한다. 친화성과 역사적 삶으로 체질화된 심성 탓일 것이다. 곁눈 팔지 않고 '먼 하늘 바라보며 그냥 웃는' 모습. '실수한 신의 작품'은 진부한 자조 같다. 이 잡초는 최 시인의 시 정신과 통하는 바가 많다. 일찍이 그는 가난했던 청년 시절 우리 사회의 밑바닥 인생을 경험했다. 책 외판원, 과외교사, 건설 현장 노동자, 술집 종업원, 농약 공장 공원, 등은 그가 걸어온 잡초 같은 삶의 현장들이다.

명예라는 이름의 옷을 입으면

명예로운 사람이 될 수 있을까
깊이 내재 된 인간의 본성은
칼을 두려워하며 칼이 되기를 원하고
꽃을 시기하며 예쁜 꽃이 되고 싶다

누군가 슬쩍 던져준 옷을 입어본다.
내 영혼을 꼬집는 냄새가 코를 찔러
허리도 펴지 못하고 멀리 던진다
명예라는 옷은 입는 것이 아니라
속살처럼 허물 벗고 돋아나는 것이리라
—〈명예라는 옷〉 부분

"칼을 두려워하며 칼이 되기를 원하고, 꽃을 시기하며 예쁜 꽃이 되고 싶다"는 이율배반. 곧 인간 본성에 내재 되어있는 양면성과 마주한다. 이는 세태적 모습으로 구체성을 띠고 확대된다. 명예라는 겉치레를 다투어 입고 허세 부리는 천박한 모습까지 시인을 견딜 수 없게 만든다.

반나절 만에 펴는 허리
바로 내 눈앞에
비쩍 마른 다람쥐란 놈이

주먹 불끈 쥐고 쏘아보고 있네.

서늘한 눈초리에
깜짝 놀란 도토리들
슬금슬금 제자리로 굴러가고
나는 빈손으로 덜렁덜렁 내려오네.
―〈도토리〉부분

언덕과 골짜기 능선을 넘나들며 도토리를 줍던' 유년의 추억을 되살려 주는 시다. 도토리 치기를 했던 일과 배고픈 시절의 허기와 추위로 얼어붙던 슬픔을 아련히 떠오르게 한다. 그런데 이 시에서는 돌연 비쩍 마른 다람쥐와 눈싸움을 벌이는 대결이 자못 흥미롭다. 서늘한 눈초리까지 치열한 먹이 다툼을 벌이는 사이에 깜짝 놀란 도토리까지 슬금슬금 제자리로 굴러가는 줄행랑에 빈손으로 털레털레 내려오는 시인의 천진난만함이 잔잔한 반향을 불러일으킨다.

어쩌면 우리네 인생이 이와 같다는 것을 암시하고 있는 것은 아닌지

나무 윗자리에 점잖게 자리 잡았거나

아랫자리에 비루하게 매달려 있었거나
떨어져 누운 모습은 그게 그거다.

온몸으로 햇빛 받으며 신나게 춤추었거나
쪼개진 햇살에 몸을 비틀며 기대었거나
낙엽으로 누운 모습은 그게 그거다.

아무도 보아주지 않아도
비바람 거세게 몰아쳐도
평생을 나무에 매달려 살아냈다고
　　　　　　　―〈낙엽으로 누운 모습〉 부분

　나뭇가지에 충충이 매달려 온 산을 울긋불긋 물들이던 단풍이 져서 모두 낙엽으로 누웠다. 시인은 그 한결같은 낙엽들을 무심히, 그러나 1,2연 '그게 그거다'라고 방백처럼 되뇐다. 울림은 가볍지 않다. 무성하던 푸른 잎들이 다 바닥에 떨어져 누워 흙으로 돌아갈 채비가 순명이랄까. 어떤 생명도 거스를 수 없는 엄숙성 앞에 숙연한 가을 서정이 깊다.
　한여름 거친 비바람이 들이쳐 무성한 숲속 녹음을 와락와락 헤집고 흔들던 격정의 뒷자리. 미

풍에 바스락거리는 기척, 얼굴을 빠끔히 내미는 낙엽에 비끼는 석양빛이 반짝 미소로 번진다.

꽃잎은 스스로 날아다니지 않는다
나무가 밀어내는 것이다
나뭇잎은 저절로 떨어지지 않는다
나무가 떼어버리는 것이다
내일을 위해 뼈마디 굳게 세우고
연한 허물을 벗겨내는 것이다

뿌리는 더욱 단단한 나무를 위하여
살찌는 푸른 날들 땅속을 다진다
한 번 지는 생명의 무게가 다르랴
버리는 것은 끝이 아니라 시작이며
밀어내는 것은 기다린다는 것이다
나무는 모질게 비우며 천년을 본다
　　　　　　　　　—〈나무는 버리며 산다〉 전문

이른 봄부터 싹 틔우고 꽃을 피워 열매 맺기에 분주했던 나무는 가을 헐벗은 나목으로 선다. 헌신의 값진, 아름다운 대가를 다 내준 무욕의 성자인 나무. 시인은 비워야 채울 수 있으며 버려야 더 크고 새로운 삶을 이룰 수 있다는 진리를 암시해주고 있다.

  최 시인은 그의 시집에 강물은 물론이요 나무를 많이 초대한다. .

    물방울 방울방울 안고 흐르는 강가
    텅 빈 마음으로 흐린 눈을 씻는다
    실개천 불러 모아 마냥 어우러지는
    강물의 물줄기를 야젓잖게 바라본다.

    돌부리를 부드럽게 쓰다듬는 물결처럼
    용서의 말을 왜 꺼내지 못했을까.
    원망의 마음은 오래전에 잠들었는데
    잔잔한 강 물결 실바람이 싸늘하다.

    등짝을 짊어지고 물결 따라 걷는 길
    바람 지나간 나뭇잎이 흔들리면
    표정 없는 석양을 표정 없이 바라보며
    가슴속의 벼랑을 슬며시 접는다
                             ―〈등짝〉 전문

평생 무거운 짐 짊어진 등짝에 생각이 미친다.

황혼의 강가에서 눈을 씻고 도달한 시인의 심안에도 회한이 깊은가. 강물도 뒤엉켜 서로 끌어안고 심신이 하나로 흐르는데 우리 인간만 따로, 외로이 거슬러 오르는가. 지금껏 자신의 언행이 용렬하다. 잔잔한 강물결에 스치는 실바람이 싸늘하다. 고도의 자기 절제다.

해 저녁 길손의 감상, 자칫 헤픈 자기 연민이 순수한 시의 수면에서 보석처럼 반짝 빛나는 감동이 인다.

   저승길 가는데
   무거운 짐 덜어주어 고맙다고
   겨우 안면 익힌 노인이
   농담이라며 내게 던진 말이다

   술과 나만의 곰삭는 교감
   술맛은 옛날처럼 변함없는데
   조리복소니 된 술통이 서럽다

   떨어지는 석양에 잔을 내리고
   주인에게 카드를 건네는데
   술값은 이미 계산됐다고
                      —〈무거운 짐〉 부분

고즈넉한 해 저녁의 주점, 혼자 목을 축이는 노인 건너편 술상에 걸터앉은 시인 역시 막걸리 한 사발로 갈증을 푼다. 곰삭은 막걸리로 목을 축이는 교감은 예나 변함이 없는데 금방 바닥을 보이는, 옛날 같지 않은 내 몸이 조리복소니가 된 서러움을 털고 일어서서, 주인에게 카드를 내미는데 "술값은 이미 계산 됐다고"

벌써 저만치 가는 '노인의 굽은 등에 노을이 붉은데, 멀거니 뒤에 남아 별빛에 눈뜨는 시 하나 반짝인다.

   산봉우리 몇 개 넘었다고
   정상에 우뚝 올라섰다고
   등산이 끝난 것은 아니다
   산행의 발길은 오를 때보다
   내려오는 길이 무겁고 힘들다

   가볍게 날아다니는 새를 바라보며
   짐을 비우듯이 마음도 비우고
   풀잎 스치는 잔잔한 바람이 되어
   살랑거리는 풀꽃의 노래를 부른다
                  —〈하산의 노래〉 부분

등산은 오르는 길보다 내려오는 길이 두 배로 힘들다. 심리적·물리적 요인 때문이다. 부푸는 기대감과 오르는 상승의 심리에 펄펄 넘치는 심신의 탄력이 받쳐주는 오름길이다. 하산길이야 지치고 소진한 힘으로 지고 내려오는 육신이니 말해 무엇하랴!
 인생길도 그와 다르지 않으리니.

 최 시인의 시적 뿌리는 그의 고향이다. 그 고향엔 한글을 창제하신 위대한 정신이 유구한 역사 속에 살아 숨 쉬고 있는 영릉이 자리 잡고 있다
시인은 일찍이 네댓 살 때부터 한글을 깨치고 혀짤배기소리로 리듬을 살려 읽었다. 그 귀엽고 사랑스러운 아이가 건강하게 장성하여 훌륭한 시인이 되었고, 틈만 나면 고향길에 오른다. 넘치는 고향 사랑이요 심각한 회귀성 고질병이 아닐 수 없다. 그의 시들은 그렇게 체화한 리듬과 정체성의 발현들이다.
 그가 걷는 길의 왼쪽에는 넘실넘실 남한강이 흐르고 오른쪽으로는 울창한 숲이 우거진 산들

이 이어진다. 여러 재와 고개를 숨차게 넘고 넘어 길동무를 만나 함께 간다. 그 길동무들과 함께 주막에도 들려 다리쉼에 막걸리 잔을 나누며 갈증을 풀고 허기도 채우며 이야기꽃도 피운다. 허물없이 어울려 다리 쉼을 하고 나면 하룻길이 빠듯한 길을 서두르지 않을 수 없다. 그렇게 또 걸어가며 보고 듣고 관찰하는 나무와 숲, 그리고 발에 밟히는 풀 한 포기, 살랑살랑 불어오는 산들바람을 타고 흩날려오는 낙엽들이 머리, 어깨 위에 떨어지는가 하면 얼굴을 터치하듯 건드리며 스쳐 간다. 낙엽의 장난기도 살가워 숲과 물길 사이로 내딛는 발길이 좌우로 다양한 풍경과 변화무쌍한 파노라마가 펼쳐지는 환상적인 동영상의 중심에 선 주인공이 된 기분이다. 시인은 이 풍경들을 온몸으로 감득하면서도 시심에 맺히는 영상들에 집중하는 시심은 더욱 안으로 깊어지며 몰입한다. 시인이 걸어가는 강과 산을 양쪽으로 끼고 가는 길은 시인의 오감을 통한 영상화가 이뤄지는 영화의 향기, 즉 뭇 생명들과 함께 어우러져 삶의 향연을 연출하고 향유하는 대자연 속 페스티벌이 베풀어진다.

고향 먼 길을 마다하지 않고 한사코 걸어가는 까닭이랄까. 발로 쓰는 시인이 되기로 한 데는 이런 대자연 속 향연 옛 방랑 시인의 멋과 전통을 이어받고자 하는 것인지도 모른다. 그의 시는 독서와 관념이 아니라 발이 부르트도록 온몸을 수고로이 하는 땀방울과 함께 그 영혼 깊은 샘에서 솟아나는 언어의 결정체가 아닐까.

푹 삭혀진 고향 사랑에 뿌리를 둔 시학이 펼쳐지는 도정이 곧 그의 시를 볼 수 있는 장엄한 사랑의 퍼스펙티브이다.

# 시인의 말

묵은 잠에서 깨어나 쉬지 않고 달렸다
멀리 왔다.
나만이 알아볼 수 있는 희미한 자국들

이제, 달리지는 못할지라도
걷겠다.
걷기 위해 태어난 것처럼

(삶이란 하루하루를 쌓는 일)
〈오늘〉

무대에
오르지 않아도

주인공은
나다

※교정에 수고해 주신 주명식 조의상님께 감사의 뜻을 전한다.

최동현 시집
손이 깨끗한 사람이 마음이 깨끗하다

2024년 11월 15일 초판 1쇄 발행

지은이 최동현 | 펴낸이 김은영 | 펴낸곳 북나비
출판신고 2007년 11월 29일 제380-2007-00056호
주소 04992 서울시 광진구 자양로9길 32 4층(자양동)
전화 (02)903-7404,  팩스 02-6280-7442
booknavi@hanmail.net
블로그 www.booknavi.co.kr

ⓒ 최동현 2024
ISBN 979-11-6011-144-6 03810


※ 이 책의 저작권은 저자에게 있으며 출판권은 북나비에 있습니다.
※ 이 책의 전부 또는 일부를 이용하시려면 저작권자와 북나비의 동의를 받아야 합니다.
※ 책값은 뒤표지에 있습니다. 잘못된 책은 바꾸어 드립니다.

# 손이 깨끗한 사람이 마음이 깨끗하다

최동현 시집